La Musique française, un mot sur son passé et son présent

F. de Lagenevais

1872

Édition : BoD · Books on Demand, 31 avenue Saint-Rémy, 57600 Forbach, bod@bod.fr
Impression : Libri Plureos GmbH, Friedensallee 273, 22763 Hamburg (Allemagne)
ISBN : 978-2-3224-7755-5
Dépôt légal : Mars 2025

LA

MUSIQUE FRANCAISE

UN MOT SUR SON PASSE ET SON PRESENT

L'année qui vient de s'écouler a vu s'engloutir chez nous tant de choses, qu'on peut se demander si nos arts n'auront point aussi disparu dans le naufrage. Les prochaines expositions nous feront voir ce que la peinture sera devenue ; quant à ce qui regarde la poésie, le théâtre, la musique, il nous faut également attendre. Les nations, pas plus que les individus, ne produisent sous le coup du malheur ; une période morale est nécessaire pour se reconnaître, se retrouver, et ce n'est qu'avec le temps que d'une situation exceptionnelle se dégage un sentiment nouveau. Ce mode d'expression, nous ne le possédons pas encore : *non invenimus verba quibus deberemus loqui.* Nous n'en sommes qu'aux jours de confusion et de malaise dans la stupeur. Le vieil éclat de rire d'autrefois n'en veut absolument pas démordre, sans s'apercevoir de ce que son effronterie a de macabre désormais pour le cœur des honnêtes gens. Par contre, les rimeurs d'élégies et les symphonistes de la première heure, saisissant aux cheveux l'occasion, remplissent les airs de leurs strophes et de leurs *lamentos.* Nulle part plus que chez nous le sable n'encombre le rivage, nulle part n'abondent davantage les coquilles vides où l'huître manque. Ceux qu'en littérature, en musique, nous appelons nos coryphées forment à Paris un groupe des plus complexes, et n'ont guère entre eux de commun qu'une personnalité dévorante, fort divisés qu'ils sont d'ailleurs et de tendances et de principes, lorsqu'il leur arrive d'en avoir. D'un pareil monde, usé par la routine du succès, il n'y a point à espérer beaucoup ; il continuera au lendemain de nos désastres la besogne qui l'enrichissait la veille, jouera les mêmes motifs en se contentant de les chiffrer en *mineur* ; encore, ce sacrifice aux deuils de la patrie, il compte qu'il ne le fera qu'autant que le public, par la dignité de son attitude, lui montrera qu'il ne se soucie point d'être si vite consolé. Prenons bien garde de ne pas confondre l'exploitation d'un sentiment avec ce sentiment même. Les faiseurs de romances, au lieu de gémir sur le coup de vent qui plonge l'univers dans les ténèbres en éteignant leur lampe, gémiront sur nos infortunes : on verra, comme à Babylone, nombre de harpes et de guitares se suspendre aux saules ; mais de telles simagrées n'abuseront personne, et ce n'est point de ces banales procédures que sortira désormais rien de conforme à l'état moral des esprits.

L'Italie, du temps de Stendhal, et telle que *la Chartreuse de Parme* nous la montre, « doux pays où fleurit l'oranger et que baigne le golfe de Naples, » l'Italie heureuse, facile à vivre, toute à ses plaisirs, à ses allégresses, eut dans Rossini son merveilleux représentant. Que de flamme spontanée, insconsciente, dans ce premier répertoire du grand. maître ! La vie musicale déborde, se précipite par étincelles, par fusées, — fantastique feu d'artifice de l'imagination, qui jette souvent des torrens de lumière sur bien des points que la lampe des savans de profession n'éclairait pas. A la politique, qui donc y songe ? Nul souci de ce qui n'est pas l'heure présente. *Felice momento*, c'est ce qu'ils chantent tous, depuis la reine de Babylone jusqu'à l'humble servante de village. Même dans sa musique religieuse cette note joyeuse trahira plus tard sa présence ; son *Stabat*, sa *Messe*, n'ont rien d'ascétique. Vous y sentez cette bonne humeur, ce doux mélange de dignité et de gaîté qui caractérise la vie seigneuriale des cardinaux romains au milieu de leurs jardins pleins de marbres et d'eaux jaillissantes, de leurs palais pleins de trésors. Sompteux prélats et bons hommes en même temps, si intelligemment profilés naguère par un peintre de grand talent qui vient de mourir : M. Zamacoïs ! Plus tard, lorsque la vie physique eut assez mené sa fête, quand le sentiment de la servitude commença de s'éveiller dans les âmes, parut Bellini, dont la mélancolique et douce plainte suffit quelque temps aux aspirations encore vagues d'un peuple jusque-là résigné, et qui finalement rencontra Verdi pour lui sonner le boute-selle au jour venu des revendications.

Espérons qu'il en sera ainsi pour nous. La France ne serait plus la France, s'il pouvait être permis de croire que l'art auquel nous assistons soit autre chose qu'une sorte de reliquat du passé que les théâtres utilisent tant bien que mal au jour le jour pour tenir le public en haleine. À ce compte, ne regrettons point l'attitude plus que discrète qu'affecte l'Opéra ; les ouvrages nouveaux qu'il nous donnerait aujourd'hui ne sauraient être que d'anciens ouvrages, et moins que jamais il s'agit de vider ses tiroirs. Tâchons au contraire de faire du neuf, et, si la capacité de nous recueillir nous est restée, rentrons en nous-mêmes, repassons les événemens qui se sont accomplis sous nos yeux, et que notre émotion s'en ressente. Remarquez que je ne par le pas même d'inspiration, car, pour qu'un pareil résultat se produise, il n'est point nécessaire d'être un Méhul, il suffit d'être un homme. « J'ai fait vibrer l'air, rien de plus ! » s'écrie Egmont ; en poésie et en musique, le temps est venu de changer tout cela. Nous ne demandons pas qu'on nous compose des partitions « nationales ; » les sujets, la forme, importent peu. Assez d'odes à la France, de symphonies gauloises, assez de ces cantates qu'un compositeur met en musique, le rimeur ayant oublié de les mettre en poésie ! Beethoven faisait tenir l'idée de Dieu dans une sonate dans un quatuor instrumental ; que l'idée de la France soit dans tout ce que nous faisons, il n'est pas besoin pour cela d'emboucher la trompette, ni de revenir à la complainte du *Soldat laboureur.* Soyons simples, soyons sérieux, et tout le reste nous sera donné par surcroît. C'est, nous le savons, jouer un rôle de fâcheux que de venir conseiller à des auteurs de *rentrer* leurs manuscrits ; vaudrait-il mieux, pour eux courir au-devant de l'indifférence publique et ne récolter que des mécomptes ?

Racine disait que l'éloignement des pays répare en quelque sorte la proximité des temps, et que nous ne mettons guère de différence entre ce qui est à mille ans de nous et ce qui est à mille lieues. Les grandes perturbations atmosphériques produisent sur nous la double action et de la distance et du temps. On se trouve en quelques mois, par la terrible commotion des événemens, rejeté à des milliers de lieues de tout ce qui vous occupait et vous charmait jadis. Société, art, théâtre, tout est à refaire. Point de milieu, ou vivre en se transformant, ou continuer le train d'autrefois et périr. Beaucoup ont mieux aimé quitter ce monde : Auber, Aimé Maillard, d'autres encore.

S'il y a des talens qui savent tout de suite remuer, agiter l'opinion et prendre place fort au-dessus de ce qu'ils valent, l'auteur des *Dragons de Villars* et de *Lara* ne fut pas de ce nombre. Il vivait à l'écart, un peu sauvage et misanthrope, — ne rompant guère qu'à de lointains intervalles un silence auquel le condamnaient sa mauvaise santé et la difficulté qu'il avait à trouver bon ce qu'il faisait. Il n'en a pas moins écrit un des opéras les plus populaires. Qui ne connaît *les Dragons de Villars*, partition pleine de naturel, d'agrément mélodique, où se trouve ce rôle de Madelon Friquet, une vraie création, et ce ravissant *duo : Moi jolie* ! un chef-d'œuvre ? Dans *Lara*, sujet tout dramatique, la coloration instrumentale s'accentue davantage, le style s'élève au récitatif, à la mélopée, mais sans aridité ni vaine pompe. Aimé Maillard était de ces musiciens qui ne se contentent pas de savoir la musique, il savait aussi le théâtre, et quand une situation s'offrait à lui, il l'abordait honnêtement, au lieu de la tourner en se maniérant devant son miroir sur un air de valse. C'est une invention assurément fort plaisante que de raconter des anecdotes à ses convives pour leur faire oublier qu'on n'a point à leur offrir de rôti ; mais de tels expédiens, pour réussir dans le monde, ont besoin de tout l'esprit d'une d'Aubigné, et personne au théâtre n'en est la dupe. D'autres sont plus raisonneurs, plus *poètes*, Aimé Maillart n'était qu'un artiste convaincu, travaillant en dehors des théories d'école, préférant la vie au rêve, le réel au nébuleux, et composant une œuvre au demeurant très française, ce qui doit, aujourd'hui surtout, nous rendre sa perte deux fois regrettable.

Ce fut aussi un esprit très français que l'auteur de *la Muette* et du *Domino noir*, mais qui, par son grand âge, se désintéressait, se dépaysait de plus en plus. M. Auber appartenait de fait au XVIIIe siècle. Ses habitudes de courtoisie, le tour spirituel et vif de sa conversation, son égoïsme aimable, ses mœurs galantes, tout, jusqu'à certaines particularités de son génie, l'y rattachait. Montesquieu dit que la galanterie est l'hypocrisie de l'amour ; n'en serait-ce pas plutôt, l'esprit ? Toujours est-il qu'à défaut d'amour M. Auber eut cet esprit qui, pendant près de trois quarts de siècle, l'aida merveilleusement à se tirer d'affaire dans la vie, non moins qu'au théâtre. Revenir sur ses ouvrages, à quoi bon ? quand nous avons tant de fois ici même loué, critiqué, enguirlandé de nos enluminures les plus patientes la serinette kaléidoscopique de ce répertoire dont l'infatigable manivelle n'a cessé de tourner aux applaudissemens de trois générations. N'abusons ni de l'analyse ni de la synthèse ; et laissons à de plus habiles, à de plus courageux, le soin de relever le nombre des partitions de l'illustre défunt, de les classer catégoriquement selon leur date et d'apprendre à qui l'ignore que François-Esprit Auber, mort à Paris directeur du Conservatoire à quatre-vingt-huit ans, fut dans son art un maître d'un certain mérite, et passa très agréablement sa vie à composer en grand musicien de petite musique.

S'il fut vraiment et complètement heureux jusqu'à la fin, comme on s'accorde à le croire, cette loi imperturbable du travail, qu'il s'était dès le jeune âge imposée et à laquelle il ne faillit jamais, entra pour beaucoup dans son bonheur. Contradiction singulière, nous estimons, nous déclarons le temps la chose au monde la plus précieuse, et cet inappréciable trésor, nous nous ingénions à chercher mille moyens de le dépenser ! Le travail, cette puissante nourriture de l'esprit, cette dignité de l'âme, cet élément de force et d'enthousiasme, après avoir été pour M. Auber le *principium et fons* de la gloire, de la fortune et des honneurs, lui devint au terme des vieux jours une ressource pour tuer le temps. Le temps en effet lui pesait, l'accablait ; il eût voulu n'être jamais seul. Ses journées se passaient à son train-train du Conservatoire, qu'il dirigeait en roi fainéant, mais avec la ponctuelle exactitude des rois. Depuis quinze ans, il ne déjeunait plus, même d'une simple tasse de thé, ce qui lui faisait de longues matinées qu'il allait perdre dans son pachalik de la rue Bergère. A trois heures, il rentrait à pied, morose, l'œil éteint ; s'il vous apercevait en chemin, sa physionomie instantanément s'éclairait, sa bouche esquissait un sourire affable ; puis, après quelques paroles courtoisement échangées, il reprenait son pas traînant, mélancolique, et s'éloignait, cet homme heureux, la tête basse et les mains dans les poches de son pardessus gris. Quels que fussent les événemens, les saisons et le temps, à l'heure de la promenade sa voiture l'emmenait au bois, théâtre régulier, unique, de ses courses ambulatoires et de ses explorations cosmiques ; car jamais, au grand jamais, il ne voyagea, et pourtant nul mieux que lui ne s'entendait à localiser une action dans les pays les plus divers. On dira : La couleur lui venait de son imagination, c'était un Watteau. Appliquée à grand nombre de ses ouvrages, l'observation serait vraie ; mais *la Muette, Fra Diavolo,* n'ont point une couleur de fantaisie : c'est chaud, d'un pittoresque plein de lumière et comme saisi sur le vif. D'autre part, dans le troisième acte de *Gustave,* vous sentez frissonner je ne sais quel souffle glacé des nuits boréales. Passer une nuit hors de Paris, c'eût été s'expatrier, et M. Auber s'en donnait bien de garde. Versailles, Saint-Germain, Chantilly les jours de course, furent ses colonnes d'Hercule. La nature ne l'intéressait point, il bâillait à la description de ses beautés, tandis qu'un trait de mœurs, une anecdote l'amusait. S'il voulait voir les Alpes, il allait à *Guillaume Tell*, et, quand la nostalgie des Pyrénées le travaillait, il s'offrait le spectacle de *Roland à Roncevaux*.

Quel besoin d'ailleurs avait-il d'aller au monde, alors que le monde venait à lui ? Autour de ce lac miraculeux du bois de Boulogne, témoin de tant d'illustres et joyeux pèlerinages finalement récompensés selon leurs mérites, n'était- ce pas un fait alors reconnu qu'on voyait défiler dans un laps de cinq ou six ans tout ce que notre planète avait de beau, de célèbre, de curieux, d'amusant et de phénoménal ? En rentrant du bois, M. Auber se mettait à table pour la première et unique fois de la journée, dînait en très petit comité de choix, puis de nouveau s'échappait vers ses plaisirs. Nourri, vieilli dans les harems du théâtre, il en connaissait les plus secrets recoins, et les parcourait volontiers. L'Opéra le gardait une heure, ensuite l'Opéra-Comique, pour le reste de la soirée, l'accaparait. Ce petit foyer, si bien caché, perdu derrière les coulisses comme un nid d'oiseau dans la forêt, l'attirait particulièrement. Il y était chez lui plus qu'à l'Opéra, où les grandes figures de Rossini, de Meyerbeer, lui faisaient vis-à-vis, — tandis que là nul ne le gênait ; il se sentait le maître, le sultan. — Aussi quels momens agréables, et qu'ils lui semblaient vite passés ! C'était pendant les trente premières représentations du *Jour de bonheur* qu'il fallait venir dans ce milieu charmant le surprendre ravivé, guilleret, rajeuni par son succès, causant de la meilleure grâce avec son ténor Capoul, et recevant à la sortie de scène la belle Marie Roze, qui, la chanson des djinns encore sur ses lèvres, lui rapportait dans son sourire quelque chose des applaudissemens de la salle comble.

L'ennui voulait qu'à une certaine heure les théâtres se fermassent, et les salons aussi. Alors commençait la solitude horrible, alors sonnait le glas sinistre. — Dieu sait toujours bien où vous prendre. On a beau le fuir, l'éluder ; il vous déjoue, il vous rattrape. Cet heureux de la terre, ce mondain changeait d'aspect dès le seuil de sa chambre. Les pensées déplaisantes arrivaient par essaims, grises d'abord, puis tout à fait noires et lugubres. Comme il ne dormait pas, il ne se couchait plus. « Le lit, disait-il, rend l'homme lâche ! » On se retrouvait donc seul à seul avec soi-même, loin de la galerie et des rieurs, loin du décaméron favori, loin de toutes ces belles dames qu'on s'amusait à scandaliser de son mieux l'après-midi en leur contant par exemple que le paradis devait être en *ut majeur*, ton souverainement ennuyeux ! À ces nocturnes épouvantes, il opposait le travail ; il écrivait comme on se met à la fenêtre pour voir passer le monde, comme on joue au whist pour se distraire. Il pensait, à l'instar du Polonius de Shakspeare, que le temps qu'on emploie à faire de la musique est un temps qui pourrait être plus mal employé, ce qui à l'égard de bien des musiciens ne serait peut-être pas très vrai, mais, pour un Auber, devait l'être. Il parcourait d'anciens carnets de composition, instrumentait un *pas de deux*, un *Ave Maria*, piquait sur le papier réglé quelqu'un de ces motifs pipés au vent, et qu'il aimait à tenir en volière pour les lâcher dans l'occasion, ou, fermant les yeux, il se donnait en son fauteuil le spectacle de ce fameux opéra de ses rêves qui devait pour virtuoses et public n'avoir, comme le paradis de Mahomet, que des femmes, rien que des femmes : Vénitiennes de Paul Véronèse, Anglaises de Yan Dyck, Françaises de Watteau, de Greuze, de Boucher, de La Tour, même de Winterhalter, Athéniennes de Phidias, non, de Pradier ! Cependant les premiers bruits de la rue commençaient à s'éveiller : c'était la délivrance. Il ouvrait sa fenêtre, allait de long en large sur sa terrasse, les bras croisés derrière le dos, et jamais Mme de Staël ne ressentit à contempler son ruisseau de la rue du Bac tant de contentement que l'auteur de *la Muette* n'en avait à voir arriver la théorie des balayeuses du quartier Saint-George. Telles furent les dernières aurores de ce vieillard. La matinée une fois là, ses occupations, ses plaisirs le reprenaient ; il avait de nouveau quelques heures devant lui pour s'oublier ! — Dirai-je que l'œuvre de M. Auber est le commentaire de sa vie ? Peut-être me répondra-t-on par la contre-proposition, en avançant que c'est au contraire sa vie qui doit passer pour le meilleur commentaire de son œuvre. L'un et l'autre parti se peuvent soutenir. Et cette frivolité de mœurs, cet aimable épicuréisme, cet absolue indifférence sous les dehors de la plus attrayante urbanité, vous expliquent aussi bien cette musique ingénieuse, piquante, habile, ayant des manières exquises et n'ayant en somme point de cœur, que cette musique à son tour vous raconte son homme et vous le livre.

Goûtons cet art en ce qu'il a de distingué, de rare, de mondain, applaudissons-nous d'avoir connu, fréquenté cet homme de tact, de savoir-vivre, à qui les mots d'esprit ne coûtent pas plus que les jolis motifs, observateur correct, savant de toutes les lois de l'harmonie et de toutes les bienséances ; mais disons-nous que de pareilles existences ne sont plus de notre temps. M. Auber appartient maintenant à l'histoire, qui le classera parmi ses curiosités. Sorti du XVIIIe siècle, il en a, jusqu'à la fin, pratiqué la philosophie, les mœurs, la littérature. Il aimait Lesage, l'abbé Prévost, Crébillon fils et Voisenon, préférait Parny à Lamartine, et fut le dernier lecteur de *Faublas*. Les divers pouvoirs qui depuis cinquante ans se sont succédé, il les a servis avec la même aisance et complaisance. Sous tous les régimes, il fut de la maison. Ami des princes d'Orléans, il ne détesta point les Bonaparte. L'empire, le trouvant directeur du Conservatoire, fit de lui son maître de chapelle, l'organisateur de sa musique privée, et le nomma grand-officier de la Légion d'honneur. À quatre-vingt-huit ans, l'illustre auteur de *la Muette*, comblé, charge de tous les dons de la fortune et de la gloire, acceptait les servitudes d'un emploi de cour, rédigeait des programmes, prenait

« les ordres, » et les jours « d'appartement » figurait sur une estrade en bas de soie, en uniforme et le bâton à la main, souriant, se courbant et transmettant à ces dames de l'Opéra les hautes félicitations de leurs majestés. Ce triste chambellanisme, loin de l'écœurer, l'amusait ; il s'en acquittait à merveille, heureux de mêler ainsi le trône et l'autel, le profane et le sacré, et de ravauder ses vieux airs de danse pour en faire des *sanctus* et des *kyrie* ! Un moment, il fut question de l'envoyer s'asseoir au sénat ; mais ce projet n'eut pas de suite : espérons que, si quelqu'un ne voulut pas, ce fut lui.

Vous rencontrez journellement des gens qui s'imaginent qu'en politique un artiste ne doit point avoir d'opinion, autrement dit, qu'un poète, un peintre, un musicien, peuvent indistinctement flatter, aduler, mettre à profit tous les gouvernemens, jouir de leurs faveurs, vivre du denier de césar, approcher sa personne, après avoir fréquenté d'autres princes et longtemps émargé au budget de la monarchie et de la république.

> Le véritable Amphytrion,
> C'est l'Amphytrion où l'on dîne !

maxime dégradante, morale d'affranchi, non d'artiste ! La musique, sans aucun doute, n'a rien à faire avec les différentes formes de la vie d'un état ; elle ne saurait politiquement être autre chose que ce qu'elle est au simple point de vue de l'esthétique, c'est-à-dire de la bonne ou de la mauvaise musique. Il est incontestable, par exemple, qu'une musique comme celle d'*Orphée aux Enfers*, de *la Grande-Duchesse*, de *Chilpéric*, du *Petit Faust*, est un dissolvant social. Cela énerve, hébète, décompose, agit sur les esprits et sur les âmes avec les forces destructives de l'opium. En pareil cas, l'œuvre d'un gouvernement serait, non de supprimer, de suspendre, comme on faisait dans les républiques de Sparte et d'Athènes, mais d'opposer le remède au mal, l'antidote au poison. Or, contre la mauvaise musique, je ne sache guère d'antidote plus efficace que la bonne. Malheureusement il est à craindre que la confusion où nous sommes ne s'oppose à tout effort de ce genre. Loin que ce soient les mauvais musiciens qui tendent à s'élever, nous voyons au contraire les bons aspirer à descendre, et des symphonistes de renom, des compositeurs reçus jadis soit à l'Opéra-Comique, soit à l'Opéra, briguer l'honneur d'aller faire leurs preuves aux Folies-Dramatiques ! La musique peut n'avoir aucune action directe sur la politique, elle en a beaucoup sur les mœurs, et les mœurs d'un pays, nous avons assez payé pour le savoir, ont une bien grande influence sur les événemens. Chez un peuple, tout est parallélisme ; ses institutions, sa politique, ses arts, sa science, ses plaisirs, tout se tient. Racontez-moi le second empire, et je vous dirai son théâtre, sa littérature, sa musique, son architecture, dont le bouquet fut salle du nouvel Opéra. En politique, j'en conviens, la musique ne saurait avoir de tendance formelle ; mais il importe souverainement qu'elle soit honnête, qu'elle soit bonne, car il dépend d'elle, de son esprit, — remarquez bien que je ne dis pas de son opinion, — il dépend d'elle de relever ou d'abaisser le milieu national. Quant au musicien, je ne sais pas ce qui l'empêcherait d'avoir une opinion, et, si c'est un galant homme, de s'y tenir.

Méhul, Chérubini, pratiquèrent cette manière de voir, et lorsque le gouvernement cessait de répondre à leur idéal et de citoyens et d'artistes, ils n'hésitaient pas à se retirer, dût-il leur en coûter des sacrifices d'amour-propre et de fortune. Né Italien, porté en France au plein de l'effervescence universelle, Chérubini avait acclamé d'enthousiasme l'aurore de la révolution. Hoche, Mirabeau, furent ses dieux, il chanta ses premiers hymnes à leurs mânes, et les grandes fêtes. patriotiques l'eurent pour célébrant. Plus tard, lorsque la république, qu'il avait adoptée, devint l'empire, Chérubini comprit que sa place n'était plus parmi les coryphées du nouvel ordre de choses. L'auteur classique de *Médée* se retira devant l'auteur de la *Vestale*, chantre inspiré, pompeux et théâtral du militarisme triomphant, lauréat du prix décennal. Le grand style s'effaça devant le style napoléonien, qui n'est ni l'antique, ni la renaissance, ni le rococo, et que la musique de Spontini, comme les tableaux de David, comme l'architecture et les meubles de cette époque, représente. Chérubini était de ces hommes qui savent mettre de la dignité dans leur vie, de ces artistes tels qu'il nous en faudrait beaucoup à l'heure où nous sommes. Tant que dura l'empire, il évita le sourire et la faveur du maître, se tint à l'ombre, travaillant à des œuvres d'importance moindre, s'isolant dans ses affections, écrivant de la musique toute sentimentale. Au moment où Napoléon touchait à son apogée, Chérubini ne composait même plus ; il faisait de la botanique, herborisait, dessinait des plantes.

Avec la restauration seulement, il reparut, mais transformé, croyant. C'est une sotte erreur de s'imaginer que tout ce qu'il y eut de religieux dans le mouvement de la restauration fut hypocrisie de cour et moyen de gouvernement. Il y eut là une véritable atmosphère de vie nouvelle, réparatrice, dont tout le monde respira les bienfaits, et qui, malheureusement pour nous, ne s'est point retrouvée au lendemain de nos derniers désastres, ce qui rend en 1872 la position plus critique et plus grave qu'elle n'était en 1815. Ce ne sera pas une des moindres gloires de la restauration d'avoir, parmi tant de chefs-d'œuvre qu'elle vit naître et resplendir, suscité les grandes compositions religieuses de Chérubini ; lui aussi, comme Chateaubriand, Lamartine et Lamennais, l'esprit d'un temps nouveau l'animait, l'enflammait, et Dieu sait si l'esprit de cour eût jamais accompli ce miracle sur l'âpre et rebelle organisation de l'auteur de *Médée* et des *Deux journées*. Foi dans l'idée patriotique au début, sur la fin croyance en l'idée religieuse, et pour remplir le milieu, que les événemens condamnaient au vide, l'amour de la famille, le travail et ses distractions ! Le jeune artiste avec ses premiers chants était entré en plein drame de l'histoire, le vieillard réconcilié avec les hommes, rentré en grâce avec Dieu, composait dans ses grandes œuvres sacrées une immortelle épopée musicale. Voilà ce que j'appelle une existence bien gouvernée, et lorsque je compare ce Chérubini à M. Auber, également illustre, également directeur de notre Conservatoire, l'idée ne me vient pas de me demander lequel des deux fut le plus grand, — entre Alighieri et Anacréon, le choix serait vraiment trop simple, — je me contente de rechercher lequel fut le plus heureux. Assurément celui qui vécut le plus près de la vérité de l'existence, et celui-là n'est pas M. Auber. Voltaire a écrit quelque part[1] : « Il y a une certaine dignité attachée à l'état de femme qu'il ne faut pas avilir. » C'est vrai pour la femme, vrai aussi pour le génie, qui, lui de même, a sa dignité qu'il faut savoir respecter.

Aujourd'hui, du milieu de nos disgrâces, de nos défaillances intellectuelles, alors que, par la musique, tant de principes démoralisateurs, de pernicieux et mortels virus sont entrés dans notre économie sociale, on aime à se rappeler cette période française si honnête, si réconfortante, et qui, loin de nous inoculer l'infection du vice, ne propageait autour d'elle que le bien-être et la santé de l'esprit. Parmi les musiciens qui, de 1797 aux belles années de la restauration, occupèrent notre scène, tous certes n'étaient pas des Méhul ni des Chérubini, et même ces illustres n'écrivaient pas tous les jours des *Médée* et des *Joseph* ; mais dans leurs compositions les plus ordinaires quel sentiment du style et quel goût ! quel respect du public jusqu'en leurs plus comiques débauches, — cette partition de l'*Irato*, pour ne citer qu'un exemple, parodie exquise, à la Molière, de l'italianisme envahissant déjà ! Et Monsigny, et Dalayrac, et tout ce premier répertoire de Boïeldieu que *la Dame blanche,* avec son faux romantisme et son clinquant rossinien, est venue effacer de nos mémoires, et qui contient des trésors tels que la romance de Rose d'amour et ce duo « du chambertin » dans *le Nouveau Seigneur,* un des morceaux les mieux frappés, les plus généreux qui soient au théâtre ! Cette gaîté-là, toute sincère, ressemblait aux vieux vins de France, que nos pères buvaient à plein verre pour n'en être ensuite que plus gaillards. Nous ne connaissions alors ni l'absinthe, ni l'opérette-bouffe et ses *cascades,* ni ce cosmopolitisme qui nous a perdus. Nous vivions chez nous et pour nous ; notre musique n'était peut-être pas la plus grande, mais elle nous appartenait. Boïeldieu, sous le coup de son insolation rossinienne, rompit avec son premier style dans *la Dame blanche,* musique charmante, qui en doute ? mais où la mode a mis son empreinte et qui n'a guère plus que le succès en vue ! Ce chaleureux amour de l'école qui, chez l'auteur du *Chaperon rouge,* du *Calife* et du *Nouveau Seigneur,* commençait un peu sur le tard à s'effacer, Hérold ne l'eut jamais, du moins en ce qui touche à ses trois chefs-d'œuvre, car sa période pré-italienne et pré-allemande a trop peu marqué pour qu'il soit permis d'en parler. *Marie, Zampa, le Pré aux Clercs,* sont trois délicieuses partitions, mais ne sont pas des partitions absolument françaises. Elles ont les grandes lettres de naturalisation, voilà tout, et lorsque Berlioz injurieusement appelait l'auteur de *Zampa* « un Weber des Batignolles, » il ne faisait qu'émettre une vérité qui n'était pas bonne à dire sur ce mauvais ton. Quant à l'heure présente, qu'on regarde autour de soi, qu'on étudie l'état de notre musique ; où l'Allemagne n'est-elle pas ?

> Tous les monstres d'Égypte ont leur temple dans Rome !

Le pangermanisme musical nous déborde, infeste nos orchestres, nos pianos ; des scènes les plus infimes aux plus hautes, du Conservatoire à l'Institut, c'est à qui germanisera, *judaisera* ! Tandis que la médiocrité tapageuse essaie à se reprendre au radicalisme doctrinaire d'un musicien dont le nom doit être aujourd'hui chassé de toute discussion qui se respecte, d'autres se font de Schumann un messie, et les hommes corrects, *arrivés*, les Casimir Delavigne et les Ponsard, minaudent et se pavanent à la Mendelssohn. La musique française devient de plus en plus un être de raison, une conception historique, et semble n'exister désormais que dans les livres, comme cette Italie du vieux prince Metternich, qui ne vivait que sur les cartes de géographie. La spécialité contemporaine, c'est le goût allemand. A Dieu ne plaise que nous prétendions interdire la fréquentation du génie étranger en ce qu'il peut avoir de généreux, de nourrissant pour notre alimentation morale et intellectuelle. Personne assurément n'aurait moins que nous qualité pour venir prêcher un pareil carême. Ce que nous voudrions, c'est qu'on s'en tînt à l'appropriation technique, et que tout musicien écrivant un opéra-comique, un *rondo*, une étude, une romance, ne se crût point obligé de faire de la propagande allemande. C'est cependant ce qu'on fait aujourd'hui, et presque toujours sans en avoir conscience. Admirons, étudions les œuvres étrangères dans notre particulier ; mais, lorsque nous nous adressons au public, souvenons-nous plus que jamais qu'il y a aussi une langue musicale française dont se sont servis de très grands maîtres, et que notre style soit une polémique indirecte contre les tendances des imitateurs mécaniques du style d'outre-Rhin. Nos ressources en seront sans doute diminuées, mais nous y gagnerons en dignité ; soyons modestes comme il sied à d'honnêtes gens que la fortune a pour un temps délaissés, et qui veulent ne retrouver qu'en eux-mêmes leur force de réaction contre le malheur.

Que fit jadis l'Allemagne aux jours de ses propres désastres ? Où voyons-nous qu'elle ait retrouvé son nerf de rebondissement contre nos armes, alors irrésistiblement triomphantes, sinon dans cet absolu retranchement derrière le rempart de sa nationalité, dans le retour exclusif aux vieilles mœurs, dans cette suprême invocation au passé d'où naquit en littérature, en musique, sa période romantique ? Notre esprit, naguère si à la mode, fut mis au ban, notre langue fut expulsée des salons et des cours, cette langue dont Goethe aimait tant la clarté, et que le grand Frédéric affectait de parler et d'écrire au détriment de l'idiome natal qu'il n'estimait guère. A la place de cette pléiade de poètes formés à l'école de notre XVIIIe siècle, les Rabner, les Gleim, les Wieland, surgit l'escadron armé en guerre des Kœrner, des Arnim, des Uhland, des Weber, — et derrière eux tous ces génies également trempés aux sources de l'idéal germanique, et qui parfois, d'un patriotisme plus humain, d'une plus sensible complexion, au lieu d'emboucher le clairon des batailles, se contentaient, comme le doux Novalis, de s'enfermer, de se confiner dans l'Allemagne du passé, pour s'en faire une tour inexpugnable du haut de laquelle ils prêchaient la croisade contre la littérature et les arts de l'étranger. Nous sommes aujourd'hui en France identiquement dans la position où se trouvait l'Allemagne de 1808. Ces mesures qu'elle prit, ces sacrifices qu'elle décréta pour repousser l'influence communicative de civilisation qui appartient au génie de la France, serions-nous capables de nous les imposer à notre tour ? Que dirait-on au prophète de mauvais augure qui viendrait, au nom de l'idée nationale à reconstituer, à relever par tous les côtés, nous conseiller de rompre avec les prédilections les plus tendres, les plus vives, les plus invétérées de notre dilettantisme ? De quelle bordée de sarcasmes et de sifflets n'accueillerait-on pas l'intempestif anachorète qui, dans l'illuminisme de sa foi, oserait venir prêcher l'abstinence, la privation, et s'écrier devant ce public du Conservatoire et des concerts populaires, affamé des ouvertures d'*Oberon*, de *Freyschütz* et d'*Euryanthe* : « Ce Weber que vous acclamez ainsi fut un des plus mortels ennemis de la France ; cet Allemand nous détestait de toute la force de son âme et de son génie. Dans la guerre de l'indépendance, il forgea contre nous le refrain des *Chasseurs de Lutzow*, et, s'il eût vécu de nos jours, il eût été la cymbale retentissante de cette guerre, comme il fut jadis le clairon de Blücher. Souvenez-vous que Beethoven non plus ne nous aimait pas. L'esprit qui souffle dans les symphonies, c'est l'esprit de l'Allemagne patriotique, pastorale, nuageusement sentimentale, capable d'explosions soudaines et d'éclats barbares, ayant l'attraction du gouffre et ses tempêtes ; moins furieux, moins rageur que Weber, Beethoven est anti-français ; il a des colères sourdes et profondes, des rancunes dont notre admiration ne doit pas nous empêcher de ressentir l'amertume ! » Est-il besoin de répéter que ce n'est pas nous qui parlons, nous qui regardons le règne de la pensée comme au-dessus de toutes les conditions de frontière et de nationalité. Rompre avec Beethoven, Weber, Mendelssohn, Meyerbeer ! ce serait faire injure au caractère de ce public français, artiste et bon enfant, que de ne pas insister sur l'invraisemblance d'un pareil coup de tête. Ces manifestations, publiques, dont l'Allemagne profite assurément, sont depuis des années nos délices ; que gagnerions-nous à les supprimer ? Ce qui est passé est passé, Dieu ni le diable n'y peuvent rien. Voilà comme nous raisonnons, et cette argumentation doit être la bonne, d'abord parce qu'elle nous convient, ensuite parce que, l'art étant entre les nations un intermédiaire irrésistible, un élément d'intelligence et de vie commune, on ne va point briser ce fil électrique sous prétexte que, par les vibrations qu'il nous donne, il ne cesse de nous mettre en rapports de sympathie avec un pays qui nous a fait quelque mal. Mais voici mon damné prophète qui reprend la parole. et continue : Dans les poèmes d'Homère et de Virgile, les dieux eux-mêmes se mêlaient aux querelles des mortels. On les voit dans l'*Énéide* occupés tous ensemble à démolir les forteresses, les murailles et les portes de Troie. Tels olympiens que nous pourrions citer, tels auteurs dont nous applaudissons les chefs-d'œuvre, n'auraient-ils pas, comme jadis Neptune et Jupiter, aidé de haut et par une sorte d'impulsion divine aux malheurs que nous-subissons ? Dès lors pourquoi leur épargner nos disgrâces, pourquoi ne pas les rendre à l'Allemagne, qui les revendique avec un légitime orgueil, et pour laquelle ils ont combattu ? Nous avons assez à payer aux Allemands sans joindre dans l'heure présente une autre espèce de tribut aux milliards qui nous sont réclamés. A défaut d'enthousiasme, réservons nos sympathies pour ceux qui nous touchent de près, et disons à ces génies dont il nous faut un certain temps et à si grand regret nous séparer : Adieu ! nous vous avons assez donné ! Adieu, chers maîtres, nous avons nos pauvres !

Ces pauvres, qui ne les connaît ? qui n'a vu ces générations d'artistes se morfondre en attendant leur tour incessamment différé ? ils avaient beau frapper à toute porte, on leur criait : Les dieux sont là, prétendez-vous qu'on vide les sanctuaires pour vous y introniser ? Quel que soit notre indifférentisme en pareille matière, il est certain que les dieux étrangers ont reçu de notre ébranlement un grave contre-coup. Ils s'en relèveront, mais plus tard ; en attendant, la place va s'ouvrir plus libre aux œuvres de nationalité française. Musicien selon l'esprit du temps, qui le sera ? La musique est de tous les arts celui qu'on pratique le plus à la légère. Le poëte, le peintre, savent encore ce que c'est que la vie nationale, et par occasion s'en laissent imprégner ; la plupart des musiciens composent au hasard, et lorsque la note vibre juste, c'est que le caprice de l'heure et l'instinct l'ont ainsi voulu. De là vient que la musique, qui passe pour une très grande puissance, agit si peu sur notre développement. Plaçons-nous au point de vue national, et demandons-nous quelle sorte d'influence ont jamais exercée sur nous les belles choses que peuvent avoir écrites MM. Thomas, Gounod, Reber ? Influence agréable souvent, quelquefois émouvante et pathétique en tant que drame, mais qui jamais n'affecte en cous l'être moral. Analysez cette musique, de quoi est-elle faite ? et quand vous en avez soustrait l'idée thématique fournie par les paroles, que vous reste-t-il aux mains ? Un résidu de formes et de résonnances germaniques. Est-ce ainsi que procèdent dans leur pays les Beethoven, les Bach, les Mendelssohn, musiciens musiquant, mais aussi libres chercheurs et critiques ? La musique a été pour la France depuis vingt ans un des élémens les plus actifs de dénationalisation, et je ne parle ici que de la bonne, car la mauvaise ne s'est pas contentée d'amollir, de détendre la fibre nationale ; elle a faussé le goût systématiquement, elle a jeté bas, traîné dans la fange tout idéal de sentiment, d'honneur et de vertu.

Plutarque raconte qu'après la défaite de Crassus le général des Parthes trouva dans le bagage d'un officier romain un recueil de fables milésiennes, et le fit porter à Séleucie pour le montrer à l'assemblée de la nation comme une preuve de la décadence et des vices de leurs ennemis.

C'est donc une bien vieille histoire que celle de l'influence d'une mauvaise littérature et d'un art dégénéré sur la force nationale d'un peuple. Nous avons ainsi en France une race qui ne meurt jamais, la race des amuseurs publics, des faiseurs de mots. Un moment dispersés, vous les voyez, au lendemain du cataclysme, reparaître et reprendre le propos où les événemens l'avaient interrompu. Une société s'est écroulée entre temps ; mais pour eux tout va pour le mieux, s'ils retrouvent « le monde des premières ! » Vouloir être amusée, toute société en est là ; reste à savoir par quels moyens. Le XVIIe siècle eut du goût pour les comédies de Molière, et ne dédaigna point Racine. Un public qui fréquente de tels spectacles n'a pas besoin qu'on célèbre sofa honnêteté. Que pensait encore de ce grand art le XVIIIe siècle ? Voltaire va nous le dire. « Je regarde la tragédie et la comédie comme des leçons de vertu, de raison et de bienséance. Corneille, ancien Romain parmi les Français, a établi une école de grandeur d'âme, et Molière a fondé celle de la vie civile. Les génies français formés par eux appellent du fond de l'Europe les étrangers qui viennent s'instruire chez nous et qui contribuent à l'abondance de Paris. Nos pauvres sont nourris de ces ouvrages qui nous soumettent jusqu'aux nations qui nous haïssent ; tout bien pesé, il faut être ennemi de sa patrie pour condamner ses spectacles. » Heure brillante d'un théâtre que Voltaire illustra de son nom ! Puis viennent les comédies de Destouches, de Lesage, de Sedaine, et les opéras de Grétry. Le premier empire vit les belles soirées de Talma, la restauration et le règne de Louis-Philippe eurent les splendeurs du romantisme et ce grand élan musical dont le souvenir ne se perdra point. Quant au second empire, nous n'entendons ici dénigrer personne, mais il nous sera bien permis de dire que ce qu'au théâtre il eut parfois de littéraire et d'excellent, les comédies de M. Emile Augier, de M. Jules Sandeau et de M. Octave Feuillet par exemple, procédait plutôt de la génération antérieure et contemporaine d'Alfred de Vigny et d'Alfred de Musset. En musique, Meyerbeer définissait d'un mot cette période et l'art qu'on y tenait le plus en honneur : « ces gens-là, disait-il, n'aiment que la ronde des *Filles de marbre* ! »

Les rieurs nous répètent sur tous les tons que cette musique a fait le tour du monde, que les Autrichiens, les Russes, les Anglais, s'en amusent, la paient à prix d'or, et n'en sont pour cela pas plus corrompus. C'est alors apparemment que nous en aurons gardé tout le poison pour nous. D'ailleurs les conditions ont-elles rien qui se ressemble ? Les étrangers n'assistent qu'à des *adaptations*. Ils n'ont, eux, que des dilutions, tandis que nous avons la teinture-mère où fermente le principe vénéneux. C'est par ce qu'elle a de correspondant à certains vices de notre organisme que cette musique nous affecte particulièrement. Pour qu'il y ait danger à éveiller, à surexciter certains instincts, il faut que, ces instincts existent. Cet art dont nous parlons, — pièces et musique, — le succès l'a rendu cosmopolite ; mais il n'est devenu *national* que pour nous, — triste privilège dont nous portons et porterons longtemps la peine. Les Anglais, les Autrichiens, les Russes, ne courent aucun risque à se divertir de tous ces beaux spectacles. Ce n'est ni leur esprit, ni leur langue qui se galvaude. Ils s'amusent, et à nos dépens, double satisfaction, — et quand ils ont assez ri pour se croire obligés de faire une démonstration morale, ils haussent les épaules de pitié en murmurant : — Oh ! ces Français ! « Qui de nous, voyageant, n'a entendu sur son passage ce mot *Parisienne* prononcé avec haine, admiration et envie ? Les étrangers nous jugent sur l'apparence ; franchement, comment être surpris qu'ils ne comprennent pas une nation qui a un aussi singulier caractère que le nôtre ? une nation qui blâme le goût qu'ils éprouvent pour la littérature qu'elle produit, qui se scandalise du plaisir qu'ils trouvent au théâtre qu'elle pourvoit, et s'indigne de l'effet des doctrines qu'elle propage ? » J'emprunte ces lignes à un de ces récens écrits inspirés par nos malheurs, et que nous voyons depuis un an se multiplier de tous côtés, attrayans et mélancoliques comme ces fleurs qui croissent sur les tombes. Tous ne sont pas également remarquables ; mais il y en a qu'un mérite certain recommande, et celui-ci est du nombre. Cette publication sans nom d'auteur a pour titre : *Examen de conscience des honnêtes femmes de France.* Dans ces pages enflammées de l'amour du pays, éclatantes de prosélytisme pour sa régénération, rien n'est omis des causes qui ont amené notre abaissement progressif par les arts, le langage, la toilette, — et les femmes du plus grand monde, sévèrement interrogées, ont à répondre du patronage insolent dont elles encourageaient toutes ces extravagances. « Elles ont le mot à la mode, — il y en a un tous les ans, comme une chanson. Il y a quelque temps, le mot *féroce* était le seul qualificatif qu'il fût de bon goût d'employer. On avait un chapeau féroce, une voiture féroce, etc. Elles se nourrissent des journaux légers, soutiennent la littérature, la musique… amusante ! car, de la poésie, nous n'en voulons plus ; les vers nous ennuient à moins qu'ils ne soient troussés par quelque bizarrerie de forme et cessent d'être vers. Que cherche-t-on au théâtre ? L'épopée, on la traduit en charge ; de la déesse, de la nymphe, de l'héroïne et presque de la sainte, nous regardons en riant l'image déformée et souillée, — nous à qui le culte du beau, du calme, de l'honnête, avait été confié… » Si ce n'était sortir de notre cadre, nous dirions ce que ce rapide écrit a d'excellent à d'autres points de vue et comment, poursuivant ce rôle idéal de la femme dans la nouvelle société, il s'élève aux plus hautes questions. « Quand, durant le cours de l'épouvantable année qui vient de s'écouler, nous nous sommes approchées des gens du peuple pour les interroger, les consoler et surtout les soigner, nous avons été frappées de la stupidité, de la lâcheté, du matérialisme que nous avons rencontrés. Nous avons compris qu'il ne fallait qu'un meneur hardi pour allumer ces cœurs secs et faire de ces êtres sans foi, sans amour, sans connaissance, des monstres de férocité… Et nous avons eu peur de Dieu, car pourquoi, comment sont-ils ainsi méchans, idiots, impies ? N'est-ce pas notre faute ? « Nous étions en effet tombés bien bas, gaspillant tout, santé, richesses et jusqu'à ces trésors de style que les générations antérieures nous avaient légués comme un dépôt national.

Nos musiciens comprendront-ils que c'est assez chanté, « le sabre de mon père ! » jugeront-ils le moment venu, non pas seulement de rompre avec de pareils erremens, mais de refaire notre école, de sortir de cette confusion des langues pour rentrer virilement dans le vrai ? C'est à ces heures de crise qu'il convient d'évoquer certains modèles et de les étudier. Nous aussi, nous avons eu des maîtres qui n'étaient point simplement des gens sachant gouverner un orchestre et des voix, et qui faisaient profession d'être des hommes. Un Méhul en ce sens vaut un Mendelssohn. Laissons de côté les théories, finissons-en avec les écoles buissonnières, rentrons chez nous, et parlons-y notre langue sans travestir les mots ni les tournures. Harmonie de la composition, sens de la vérité dramatique, symétrie organique, fraîcheur, simplicité d'inspiration, voilà ce que d'emblée notre propre fonds nous fournira. Plus tard naîtront peut-être les génies ; en attendant, encourageons tout honnête effort, soyons indulgens pour tout ce qui n'insulte pas la dignité de l'art ; contentons-nous d'un beau musical ordinaire sans prétendre exiger à chaque instant des phénomènes, et disons-nous qu'à n'enfanter que des Shakspeare, des Michel-Ange, des Beethoven, la nature finirait par éclater. Nous défaire de ce germanisme encombrant, sentir, penser, écrire en français, imprégner notre style de la physionomie nationale du pays auquel nous appartenons par la naissance et l'éducation, tâche déjà louable, et qui sera complètement remplie, si l'artiste en arrive à considérer comme œuvre de conscience et presque comme un devoir religieux le développement du talent que Dieu lui a donné. « Nous avons l'imperturbable pensée que nous ne sommes pas au bout de notre art, que parmi nous s'élèvent des talens qui justifieront nos espérances. » Ces paroles sont de Schumann, et ce qu'il disait pour l'Allemagne de son temps, nous croyons pouvoir aujourd'hui l'appliquer à la France. Nous aussi, nous avons foi dans une floraison prochaine à laquelle d'autres encore plus consolantes succéderont, et c'est par cette foi qui survit, par cette espérance qui se ranime, que le cœur et l'esprit se sentent reprendre à la discussion. Nous le répétons une dernière fois : que l'idée de la France soit dans tout ce que nous faisons.

F. DE LAGENEVAIS.

1. ⣇ A propos d'une méchante pièce de Mme Denis, *la Coquette punie*, qu'il se désolait de voir mettre au théâtre.